# NOTICE

## BIOGRAPHIQUE

## SUR M. MAUDOUIT, CURÉ

### DE GRANVILLE,

*Par M. L. GIRARDVILLE, Curé de Mortain.*

Se vend au Bénéfice des Pauvres.

PRIX 30 CENT.

## A GRANVILLE,

IMPRIMERIE DE NOEL GOT, RUE DU PONT.

1853

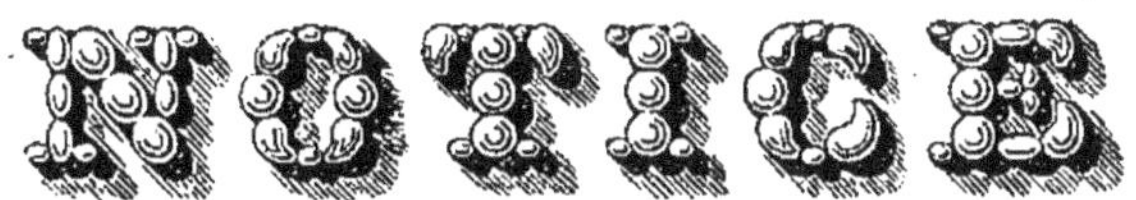

# NOTICE

## BIOGRAPHIQUE

## SUR M. MAUDOUIT, CURÉ

### DE GRANVILLE,

Par *M. L. GIRARDVILLE , Curé de Mortain.*

Se vend au Bénéfice
des Pauvres.

**A GRANVILLE,**

IMPRIMERIE DE NOEL GOT, RUE DU PONT.

1853

# NOTICE BIOGRAPHIQUE

SUR

## M. MAUDOUIT, CURÉ DE GRANVILLE.

M. Jean-Baptiste Maudouit, né à Granville, en 1768, d'une famille recommandable par ses vertus, fit ses études au collége de Coutances, renommé dans toute la Normandie, par l'habileté de ses professeurs et ses 1200 élèves. Il se distingua, au milieu de ses condisciples, par l'innocence de ses mœurs, la ferveur de sa piété, une rare aptitude et de brillants succès. Il terminait son cours de philosophie, au moment où commençaient à gronder sur la France ces orages qui ont accumulé tant de ruines, mais fait briller tant de vertus. Ayant reconnu, au pied des autels, sa vocation au Sacerdoce, M. Maudouit ne recula pas à la vue des dangers, qui devenaient chaque jour de plus en plus menaçants ; on le vit, au contraire, entrer avec bonheur dans une carrière qui, redevenue ce qu'elle était dans les premiers siècles de l'Eglise, exigeait toute l'abnégation et tout le dévouement des apôtres.

Il n'était pas encore prêtre lorsque l'Assemblée nationale, confondant l'autorité spirituelle avec le pouvoir temporel, imposa le serment à la Constitution civile du Clergé, qui était le renversement de toutes les lois de l'Eglise.

On connaît l'histoire de cette époque. — Les Evêques, presque à l'unanimité, opposèrent aux exigences de l'Assemblée nationale la magnifique réponse des apôtres : Il vaut mieux obéir à Dieu qu'aux hommes ; et plutôt que d'être parjures ils s'acheminèrent vers l'exil. La persécution religieuse, redoublant de violence, força M. Maudouit de fuir un pays qui lui était bien cher, mais sur lequel venaient de se déchaîner d'effroyables tempêtes et où commençait à couler à grands flots le sang des martyrs. Il

accompagna dans l'exil le vénérable Curé de Granville, M. Sorin de Lepesse, et son Clergé si régulier, si pieux, et qui avait suivi avec courage le noble exemple de l'Episcopat français. Les vents contraires rendirent la traversée longue et difficile. M. Maudouit racontait avec attendrissement les circonstances de ce voyage. « Nous nous em-
» barquâmes, disait-il, le 7 septembre 1792, à
» huit heures du soir ; notre barque fut agitée
» toute la nuit, par une mer houleuse ; le len-
» demain, au point du jour, nous étions encore
» à peu de distance de Granville ; nous ne ces-
» sions de tenir nos regards fixés sur le rivage,
» qui s'éloignait lentement, et sur le clocher, qui
» nous rappelait les émotions si pures et si douces
» de la Religion et de la Patrie. Tout à coup,
» nous entendîmes un carillon joyeux qui an-
» nonçait la fête de la Nativité de la sainte Vierge ;
» alors nos yeux se remplirent de larmes. »

Ainsi, plus de deux mille ans auparavant, les enfants d'Israel répandaient des larmes sur les bords des fleuves de Babylone, au souvenir de la patrie et des solennités saintes.

Les exilés arrivèrent le soir à Jersey. Mgr. Lemintier, évêque de Tréguier, qui avait également fui devant la persécution, demeurait depuis quelque temps dans cette île.

M. Maudouit, qui n'était encore que diacre, profita du séjour de Mgr. de Tréguier à Jersey pour recevoir le Sacerdoce ; il s'y prépara , sous la dirction de M. l'abbé Caron , de sainte mémoire. Les vertus de ce prêtre éminent, sa parole si persuasive, ses conseils empreints de la plus haute sagesse, l'onction sacerdotale reçue des mains d'un confesseur de la foi sur une terre étrangère, au milieu des premières épreuves de l'exil, produisirent sur l'âme de M. Maudouit une de ces impressions qui ne s'effacent jamais et dont l'influence s'étend sur la vie tout entière.

Le roi d'Angleterre avait mis à la disposition du Clergé français un château , situé dans le Northumberland. Ce fut dans ce château , long-temps abandonné , et sous le climat si âpre du nord de l'Angleterre que s'écoula le temps de l'exil pour le Clergé de Granville. Après avoir passé quelques années à Jersey et à Guernesey, M. Maudouit rejoignit ses pieux confrères, dans leur solitude; mais il n'y demeura pas long-temps. Voulant se perfectionner dans la connaissance de la langue anglaise et surtout se livrer avec plus de fruit aux études théologiques , il se rendit à Londres, où étaient réunis presque tous les Docteurs de cette Eglise gallicane, non moins illustre à cette époque par ses lumières et sa science profonde que par l'éclat de ses vertus et son zèle pour la pureté de la foi. Les heures de M. Maudouit étaient partagées entre la célébration des saints mystères, l'étude et l'enseignement de la langue française. Dans ces leçons qui paraissent si étrangères à la foi, il ménageait et saisissait avec bonheur l'occasion de dissiper quelques-unes des préventions contre le Catholicisme qui aveuglent, en Angleterre, les esprits même les plus droits et les plus éclairés.

Cependant des évènements prodigieux s'accomplissaient en France : Un jeune héros venait de saisir, d'une main puissante, les rênes de l'Etat. Il appelle la Religion en aide à son épée et à son génie. Les prêtres exilés reparaissent dans leurs Eglises profanées et au milieu des sanctuaires en ruines, pour y faire descendre de nouveau les bénédictions du Ciel. Granville revit avec bonheur ses Prêtres fidèles, ces généreux confesseurs de la foi, qui portaient sur le front la consécration de la vertu, du malheur, quelques-uns de la vieillesse.

De retour en France , M. Maudouit reprit ses travaux de l'exil. — Ainsi, le temps qu'il n'employait pas à la prière, où à l'étude, il le consacrait à l'enseignement. Non-seulement il cultivait avec sollicitude l'intelligence de ses élèves, mais il s'appliquait surtout à former leurs cœurs à la vertu et à répandre dans leurs jeunes âmes ces semences de piété qui trop souvent sont étouffées par les passions, mais qui ordinairement finissent par produire des fruits précieux.

Un des Vicaires de Granville, M. Regnouf-Des-ruisseaux, qui dirigeait les âmes pieuses avec une ravissante douceur , et dont la parole pleine de l'onction la plus suave avait ramené à Dieu de nombreux pécheurs, voyait dépérir sa santé, altérée par les privations de l'exil et les fatigues d'un laborieux ministère. Il obtint que M. Maudouit lui fût donné pour collaborateur. Les infirmités toujours croissantes de M. Desruisseaux le forcèrent, bientôt après de renoncer entièrement à l'exercice de ses fonctions : Elles furent remplies par M. Maudouit ; mais il n'eut le titre de vicaire qu'après la mort de son saint prédécesseur.

M. Maudouit, qui s'était préparé au ministère de la prédication par des études variées et profondes, fit sur tous les devoirs du Christianisme une suite d'instructions d'une admirable clarté, et appropriées à toutes les intelligences , comme à toutes les situations de la vie. Dans des discours plus élevés, il développait d'une manière lumineuse, quelquefois éloquente, les preuves fondamentales du Christianisme ; ou s'adressant au cœur, il parlait des charmes de la vertu, du bonheur si vrai de l'âme , qui, désenchantée des biens et des plaisirs du siècle, se donne à Dieu sans réserve. M. Maudouit réunissait plusieurs qualités éminentes de l'orateur : Son élocution était facile et ornée, sa voix claire et retentissante, son attitude noble , son geste naturel ; les sentiments de son âme se peignaient dans son regard et se reflétaient sur tous les traits de son visage, d'une beauté mâle et régulière.

M. Sorin de Lepesse, curé de Granville, terminait, en 1825, sa carrière, remplie de vertus et de bonnes œuvres : Mgr. Dupont s'empressa de lui donner pour successeur M. Lepelley, premier vicaire, que des talents supérieurs et une vie sainte rendaient l'objet de la vénération publique.

M. l'abbé Lepelley avait été nommé, à différentes reprises, aux postes les plus éminents du Diocèse, et il les avait tous refusés. En faisant agréer un nouveau refus, il pria instamment de choisir, à sa place, son collègue, son ami d'exil, M. Maudouit, appelé à la Cure de Granville par les vœux du Clergé et de la population tout entière. Les motifs de cette demande étaient trop puissants pour qu'elle ne fût pas accueillie avec empressement par un Prélat, juste appréciateur du mérite.

M. Maudouit, curé de Granville, a réalisé toutes les espérances que ses lumières, sa haute expérience et ses vertus faisaient concevoir ; il pourrait même être proposé pour modèle aux Prêtres qui exercent le ministère pastoral. La régularité de sa vie rappelait celle du Séminariste fervent : Toutes les fonctions du saint ministère lui étaient chères ; il les remplissait avec bonheur. Plein de zèle pour la *beauté de la Maison de Dieu,* il ne négligeait rien de ce qui pouvait contribuer à l'embellissement de son Eglise et à rehausser l'éclat des cérémonies religieuses.

On pouvait appeler M. Maudouit le père des pauvres, titre qui s'allie si bien à celui de pasteur des âmes. Quelques jours avant sa mort, il prononçait avec simplicité ces paroles, qui rappellent celles de St-Augustin :

« Je ne laisse à mon Eglise que mes ornements ; » je ne lègue rien aux pauvres , parce que j'ai » toujours partagé avec eux et qu'il ne me reste » à peu près rien à leur donner. »

Il était l'âme de toutes les bonnes œuvres de sa paroisse. Deux surtout furent spécialement l'objet de son affection : l'Œuvre civilisatrice et éminement catholique de la Propagation de la Foi et l'Œuvre des petits Séminaires. Grâce à son zèle, la *Propagation de la Foi* compte dans la seule ville de Granville plus de mille associés. Lorsque Mgr. l'Evêque de Coutances fit un appel au Clergé de son Diocèse, en faveur de ses petits Séminaires, M. Maudouit s'empressa d'y répondre , en envoyant au Prélat deux mille francs que la mort de sa respectable sœur venait de laisser à sa disposition.

M. Maudouit paraissait peu au milieu du monde ; et il s'y fit constamment remarquer par la dignité de son maintien, son instruction variée, l'aménité et l'enjouement de son caractère , sa repartie vive et toujours bienveillante.

Il partagea l'enthousiasme général pour le génie de Napoléon et les merveilles de son règne ;
mais après la chute de l'Empire, il demeura
constamment étranger aux agitationsde la poli-
tique, ne distinguant ni vainqueurs, ni vaincus,
et ne voyant dans ses paroissiens que des enfants
dont il était le père.

La charité de M. Maudouit fut quelquefois
accusée de faiblesse : sa vie toute entière dément
ce reproche qui, du reste, ne fut épargné ni à
l'angélique douceur de Saint-François-de-Sales,
ni au dévouement héroïque de Saint-Vincent-de
Paul. Ses ménagements étaient pour les per-
sonnes; mais il ne cessa de combattre, avec toute
l'ardeur de son zèle, les erreurs, les vices et les
scandales. Dans les circonstances ordinaires, il
évitait avec soin de heurter de front les préjugés
et les préventions dont les institutions les plus
saintes sont trop souvent l'objet ; mais il n'en
tenait aucun compte lorsqu'il croyait que le salut
des âmes y était intéressé. Ainsi on le vit, a différentes reprises, confier la station du carême à
des *Jésuites ;* et en 1843, l'un deux prêcha une
*mission,* dont les cérémonies furent célébrées avec
éclat. Il réunit tous ses efforts à ceux de Monsieur
Boniface, maire de Granville, pour doter sa paroisse d'une maison de *Frères des Ecoles chré-
tiennes ;* et leur établissement a été une des plus

douces consolations des dernières années de son ministère pastoral.

Avec des qualités si éminentes M. Maudouit ne pouvait échapper aux honneurs: il fut nommé par Monseigneur Dupont, Chanoine-Honoraire de Coutances; plus tard, il refusa des lettres de Grand-Vicaire, avec la cure de Saint-Gervais d'Avranches. L'Etat joignit ses distinctions à celles de l'Eglise, et l'on vit briller l'étoile de l'honneur sur cette poitrine où battait le cœur d'un apôtre et d'un français dévoué à son pays, et qui avait toujours été *sans peur et sans reproche.*

Il éprouva, il y a dix-huit mois, les premières atteintes de la maladie à laquelle il vient de succomber; c'étaient des crises violentes, devenues de plus en plus fréquentes et douloureuses: elles faisaient éclater la vivacité de sa foi et son admirable patience. Si quelquefois des souffrances intolérables lui arrachaient quelques plaintes, il disait à l'instant même : « Je ne puis vaincre la » nature; mais croyez-le bien, je ne manque pas » de résignation ; oui, ô mon Dieu ! que votre » sainte volonté s'accomplisse ! » Cependant ces crises multipliées usaient ses forces et faisaient prévoir le moment peu éloigné où il devait être enlevé à l'amour de sa paroisse. Le samedi quatre décembre, il célébrait encore les divins mystères. Le lendemain, un malaise général, qu'il n'avait pas encore éprouvé au même degré, lui fit pressentir une crise prochaine, plus violente que les autres : elle devait être la dernière.

L'excès de la douleur lui fit perdre connaissance ; un de ses Vicaires s'empressa de lui administrer le sacrement d'Extrême-Onction. Lorsqu'il fut revenu de son évanouissement, on l'entendit prononcer des mots entrecoupés : c'étaient des versets de l'Écriture-sainte, ou quelques paroles brûlantes d'amour échappées du cœur des Saints qu'il avait le plus vénérés. Vers quatre heures du matin, les soupirs qui sortaient de sa poitrine oppressée s'affaiblissent, une sueur froide glace tous ses membres, la prière expire sur ses lèvres inanimées, et il rend le dernier soupir, entre les bras d'un de ses Vicaires, qui n'avait cessé de prier à ses côtés.

A cinq heures, le glas de la cloche funèbre apprit à la paroisse qu'elle venait de perdre son Pasteur. Les regrets furent universels : tous les habitants ne semblaient former qu'une famille pleurant un père chéri. Le corps de M. Maudouit fut exposé dans une salle du presbytère, transformée en chapelle ardente. Chacun s'empressa de le visiter ; tous voulaient contempler encore ses traits vénérés qui avaient conservé toute leur sérénité.

Les obsèques furent célébrées avec la plus grande pompe. On y voyait le Clergé de toutes les paroisses du canton et toutes les Autorités civiles et

militaires. L'affluence était immense. La céré-
monie funèbre fut présidée par M. Delamarre ,
vicaire-général, qui prononça l'absoute. M. l'abbé
Lebrec, également vicaire-général, rappela, dans
une improvisation éloquente , les vertus de M.
Maudouit et les traits les plus touchants de sa vie
d'exilé , de professeur et de pasteur des âmes.
L'émotion de l'orateur fut partagée par tout l'au-
ditoire. Malgré la pluie et la tempête, le cortège,
où se confondaient tous les rangs de la société ,
et qui se grossissait à chaque instant, accompagna
le cercueil jusqu'à la tombe. Tous les regards
étaient attendris ; on voyait, dit un témoin ocu-
laire, tous les fronts se découvrir, comme à l'as-
pect de *saintes reliques.*

La reconnaissance va élever un monument
pour consacrer le souvenir du confesseur de la foi,
du prêtre fervent, du pasteur qui a toujours été le
modèle de son troupeau ; mais ses vertus et ses
bienfaits lui ont élevé un monument plus durable.
Gravée en caractères ineffaçables dans le cœur de
ses paroissiens, sa mémoire ne périra jamais.
*In memoriâ æternâ erunt justi.*